Höfele · *Deutsche Nationalhymnen*

AF208612

BERNHARD HÖFELE

DEUTSCHE

NATIONALHYMNEN

Geschichte - Melodien - Texte

Herstellung und Verlag:
Books on Demand GmbH, Norderstedt

© 2006 by Dr. Bernhard Höfele
Lupinenweg 7
D - 53229 Bonn
http//www.militaermusik-online.de

1. Auflage 2006

ISBN-13: 978-3-8334-6912-1
ISBN-10:   3-8334-6912-9

Covergestaltung: Vincent Dilg

Inhalt

Die Melodie

von

Joseph Haydn

(1732 – 1809)

Lange bevor Hoffmann von Fallersleben im Jahre 1841 den Text zu einem Gedicht schrieb, das er selbst „Das Lied der Deutschen" nannte, erhielt Joseph Haydn im Jahre 1797 in Wien den Auftrag, den für den österreichischen Kaiser Franz II. von *Lorenz Leopold Haschka* geschaffenen Hymnen-Text „Gott! erhalte Franz den Kaiser" zu vertonen.

Hier der Text der vier Strophen:

1.

Gott! erhalte Franz den Kaiser,
Unsern guten Kaiser Franz!
Lange lebe Franz, der Kaiser
In des Glückes hellstem Glanz!
Ihm erblühen Lorbeer-Reiser,
Wo er geht zum Ehrenkranz!
Gott! erhalte Franz den Kaiser,
Unsern guten Kaiser Franz!

2.

Laß von seiner Fahnen Spitzen
Strahlen Sieg und Fruchtbarkeit;
Laß in Seinem Rathe sitzen
Weisheit, Klugheit, Redlichkeit;
Und mit Seiner Hoheit Blitzen
Schalten nur Gerechtigkeit!
Gott! erhalte Franz den Kaiser,
Unsern guten Kaiser Franz!

3.

Ströme Deiner Gaben Fülle
Über Ihn, Sein Haus und Reich!
Brich der Bosheit Macht; enthülle
Jeden Schelm- und Bubenstreich!
Dein Gesetz sey stets Sein Wille;
Dieser uns Gesetzen gleich!
Gott! erhalte Franz den Kaiser,
Unsern guten Kaiser Franz!

4.

Froh erleb' Er Seiner Lande,
Seiner Völker höchsten Flor!
Seh' sie, Eins durch Bruder-Bande,
Ragen allen andern vor;
Und vernehme noch am Rande
Später Gruft der Enkel Chor:
Gott! erhalte Franz den Kaiser,
Unsern guten Kaiser Franz!

Der Theologieprofessor Leopold Haschka (1749 – 1827) schrieb diesen Text, als Napoleon 1796 gegen Wien vorrückte und Österreich einzunehmen drohte. Er wollte damit ein Gegengewicht schaffen zu der von den heranrückenden französischen Truppen gesungenen „Marseillaise". Der Text Haschkas behielt bis 1835 Gültigkeit. Nach dem Tod von Kaiser Franz II. musste er geändert werden, so dass er auf den neuen Kaiser Ferdinand passte.

Haydns eigenhändige Niederschrift:

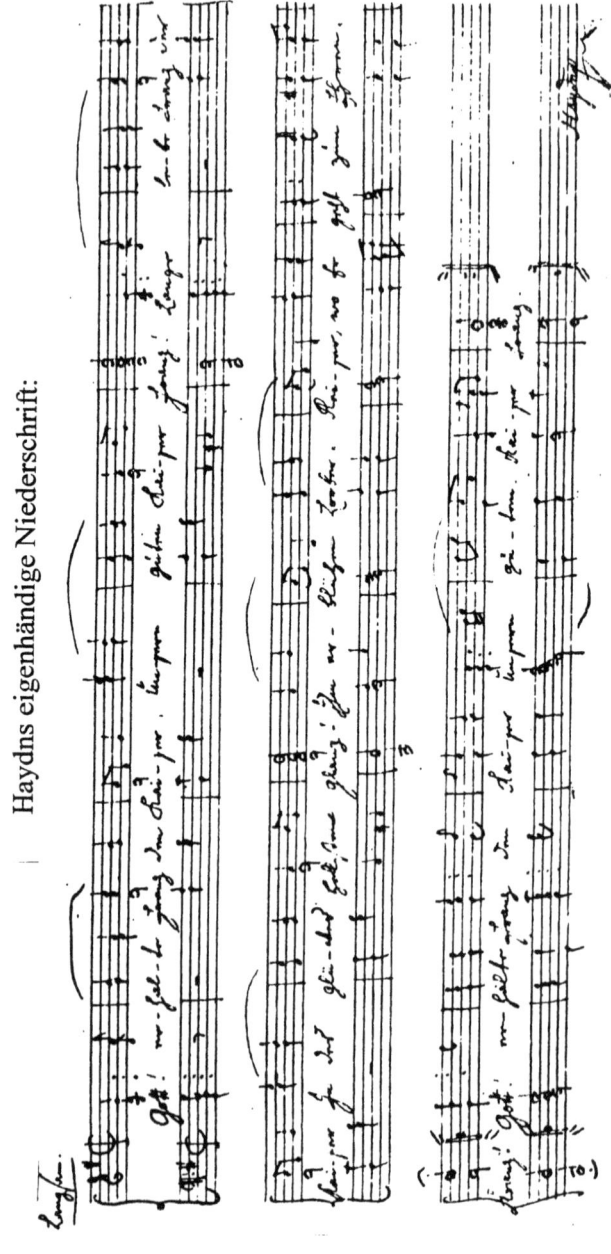

10

11

Joseph Haydn, der schon in den Jahren 1791/92 und ein zweites Mal 1794/95 in England weilte, hörte dort die englische Königshymne „God save the king". Auf dem Festland war eine Hymne zu dieser Zeit noch nicht üblich. Doch mit dieser Kenntnis und Erfahrung machte sich Haydn 1797 an die Arbeit. Er schuf auf den Text von Haschka eine Melodie, zu der es schon andernorts Vorbilder gab. So soll sie dem Salzburger Kirchenlied „Christen singt mit frohem Herzen" ähneln; und auch mit dem kroatischen Liebeslied „Vjutro rano" hat sie verblüffende Ähnlichkeit. Dass Haydn diese Vorbilder kannte, ist möglich, aber nicht erwiesen.

Haydn selbst liebte seine Schöpfung sehr. Er bekannte später, dass er die Melodie täglich einmal spiele. Nach dem Tod des österreichischen Kaisers Franz II. im Jahre 1838 musste der Text neutralisiert werden. Statt *Gott erhalte Franz den Kaiser* hieß es jetzt: *Gott erhalte, Gott beschütze unsern Kaiser, unser Land*. Die Melodie ist jedoch unverändert Kaiserhymne geblieben bis zur Abdankung Kaiser Karls I. im Jahre 1918 und der Auflösung der habsburgischen Monarchie in Österreich.

Noch im selben Jahr 1797 schrieb Haydn sein Streichquartett op.76/3 in C-Dur. Er verwendete im zweiten Satz (Thema mit Variationen) dazu seine Melodie der Kaiserhymne, weshalb das ganze Quartett auch den Beinamen „Kaiserquartett" erhielt. Zwei kompositorische Eigenheiten sind dabei bemerkenswert. Haydn hat im Streichquartett die Melodie geringfügig verändert. Am Anfang des 13. Taktes sowie bei der Wiederholung am Anfang des 17. Taktes ist jeweils ein langer Vorschlag zusätzlich eingearbeitet.

Originalniederschrift:

Variationen im Streichquartett:

Und in den Variationen hat Haydn jeweils im 15. und 19. Takt (in der ersten Variation nur im 19. Takt) statt der letzten zwei Achtel ein punktiertes Achtel mit Sechzehntel geschrieben.

Originalniederschrift:

Variationen im Streichquartett:

Joseph Haydn, Streichquartett II. Satz
- Thema -

In den vier Variationen, die Haydn zu dem Thema schrieb, hat er nicht wie zu seiner Zeit üblich das Thema variiert, sondern es als *cantus firmus* unverändert stehen lassen und nur den Rahmen darum durch die jeweils freien Streichinstrumente verändert. Dadurch zollt Haydn der Melodie den Respekt, der ihr als Huldigung an den Kaiser zukommt.

In der ersten Variation wird das Thema von der zweiten Violine vorgetragen. Die erste Violine umspielt
mit sechzehntel Figuren das Thema. Die übrigen Instrumente schweigen.

1. Variation

17

18

Bei der zweiten Variation werden alle vier Instrumente eingesetzt. Das Violoncello übernimmt nun das Thema; die erste Violine umspielt wiederum das Thema, dieses Mal aber beginnend mit Synkopen und in Folge wieder mit dem Einsatz von Sechzehntel-Figuren. Die zweite Violine fügt in der ersten Hälfte dem Thema eine zweite Stimme hinzu. Im zweiten Teil vervollständigt sie als zweite Stimme die Umspielungen der ersten Violine. Mit Füllstimmen schließlich ergänzt die Viola die zweite Variation, bis sich zum Schluss in Takt 19 alle Stimmen zum vierstimmigen homophonen Satz zusammenfinden.

In der dritten Variation werden alle bisherigen Variationstechniken dicht zusammengebracht. Das Thema übernimmt jetzt die Viola als letzte der vier Instrumentenstimmen. Synkopen, Umspielungen des Themas mit Achtel- und Sechzehntelfiguren, und nun auch chromatische Reize, zum Teil zweistimmig, lassen diese Variation zum Höhepunkt des Satzes werden. Nicht durch Dynamik wird dies erreicht,

21

denn wie für alle Variationen ist auch für diese durchgehendes *piano* vorgeschrieben, sondern durch die Zusammenführung der einzelnen Umrahmungs-techniken mit dem Thema.

23

Die vierte Variation schließlich beginnt als schlichter homophoner Satz. Nun führt die erste Violine wieder wie bei der Einleitung das Thema. Doch schon bald - ab dem 9. Takt - kommt noch einmal die innere Kraft des Themas durch sich abwechselnde und ergänzende Synkopen sowie durchlaufende Achtelbewegungen zum Vorschein. Gleichzeitig wird das Ausklingen des Satzes durch den liegenden und durchgehaltenen Grundton der Dominante im Violoncello angekündigt. Ein letzter Höhepunkt wird nun vor allem durch die Verlagerung des Themas in die zweigestrichene Oktav erreicht, unterstützt durch fortlaufende Achtelbewegungen und gespickt mit Chromatik in den begleitenden Stimmen.

Mit Erreichen des letzten Tones des Themas bricht auch die Erregung dieser Variation abrupt ab und führt in einer viertaktigen Coda ausklingend zum ruhigen Ausgangspunkt des Satzes zurück.

Der Text

von

August Heinrich Hoffmann
von Fallersleben
(1798 – 1874)

– vom Protestsong zur Nationalhymne –

Das Lied der Deutschen

1.

„Deutschland, Deutschland über Alles,
Über Alles in der Welt,
Wenn es stets zu Schutz und Truzze
Brüderlich zusammen hält,
Von der Maas bis an die Memel,
Von der Etsch bis an den Belt –
Deutschland, Deutschland über Alles,
Über Alles in der Welt!

2.

Deutsche Frauen, deutsche Treue,
Deutscher Wein und deutscher Sang
Sollen in der Welt behalten
Ihren alten schönen Klang.
Uns zu edler Tat begeistern
Unser ganzes Leben lang –
Deutsche Frauen, deutsche Treue,
Deutscher Wein und deutscher Sang!

3.

Einigkeit und Recht und Freiheit
Für das deutsche Vaterland!
Danach lasst uns alle streben
Brüderlich mit Herz und Hand!
Einigkeit und Recht und Freiheit
Sind des Glückes Unterpfand –
Blüh' im Glanze dieses Glückes,
Blühe deutsches Vaterland!"

Als *August Heinrich Hoffmann* von Fallersleben 1841 im Alter von 43 Jahren dieses Gedicht mit dem Titel **„Das Lied der Deutschen"** schrieb, weilte er auf der Insel Helgoland, die zu dieser Zeit noch zu England gehörte. Hoffmann nannte sich selbst *von Fallersleben*, weil er in dem Ort Fallersleben, der westlich von Wolfsburg liegt und heute ein Stadtteil von Wolfsburg ist, geboren wurde. Er war ob seiner freiheitlichen Gesinnung bekannt. 1842 verlor er deswegen seine Anstellung als Professor an der Breslauer Universität und wurde des Landes verwiesen.

In Deutschland war man mit der Wiederherstellung der vornapoleonischen Ordnung (Restauration) nach 1814 alles andere als zufrieden. „Einigkeit und Recht und Freiheit" waren noch mehr Wunschgedanken als Wirklichkeit. Es brodelte vor allem in der jüngeren Generation, für die der Text von Hoffmann ein Protestsong gegen das herrschende politische System und gegen die Zersplitterung Deutschlands in 35 kleine Staaten und vier freie Städte war. So fand denn auch das Hoffmann'sche Gedicht sofort mehr Anhänger im Untergrund als in der Öffentlichkeit. Die dichterische Freiheit drückte sich nicht nur in der Vision der dritten Strophe mit *Einigkeit und Recht und Freiheit* aus, sondern beschrieb auch mit der geografischen Ortung in der ersten Strophe die Himmelsrichtungen einer **zukünftigen**, wünschenswerten Einheit Deutschlands: nämlich West und Ost, Süd und Nord. Mit Deutschland, das es als Einheit noch gar nicht gab, und seinen Grenzen hatten diese Flüsse bzw. Meeresstraßen zu keiner Zeit etwas zu tun. Dennoch waren Sie stets Anlass zu Missbrauch und Missdeutungen.

Die **Maas** ist ein Fluss im äußersten Westen Europas. Sie entspringt im Osten Frankreichs, durchfließt Belgien und die Niederlande und mündet in die Nordsee. Die wohl heute in Europa bekannteste Stadt an der Maas ist Maastricht. Bekannt durch die Maastricht-Kriterien im Zusammenhang mit der Einführung des „Euro" in verschiedenen Ländern der europäischen Union. In Hoffmann von Fallerslebens Gedicht verkörpert sie die **westliche Himmelsrichtung**.

Die **Memel** ist ein Fluss im Osten Europas. Sie entspringt südlich von Minsk, durchfließt Weißrussland und Litauen und mündet nordostwärts von Kaliningrad (früher: Königsberg) in das *Kurdische Haff* der Ostsee. Sie bezeichnet in Hoffmanns Gedicht die **östliche Himmelsrichtung**.

Auch die **Etsch** (italienischer Name: **Adlige**) ist ein Fluss; sie entspringt im südlichen Teil Europas bei *Meran* an der heutigen Grenze Österreichs zu Italien; fließt südwärts und mündet südlich von *Venedig* in das *Adriatische Meer*. In Hoffmanns Gedicht gibt sie die **südliche Himmelsrichtung** an.

Den **Belt** schließlich gibt es als *Kleinen* und *Großen Belt*. Es sind zwei Meeresstraßen zwischen dem dänischen Hoheitsgebiet *Jütland*, *Fünen* und *Seeland* (siehe Abb. S. 31). In Hoffmanns Gedicht weist der Belt auf die **nördliche Himmelsrichtung** hin.

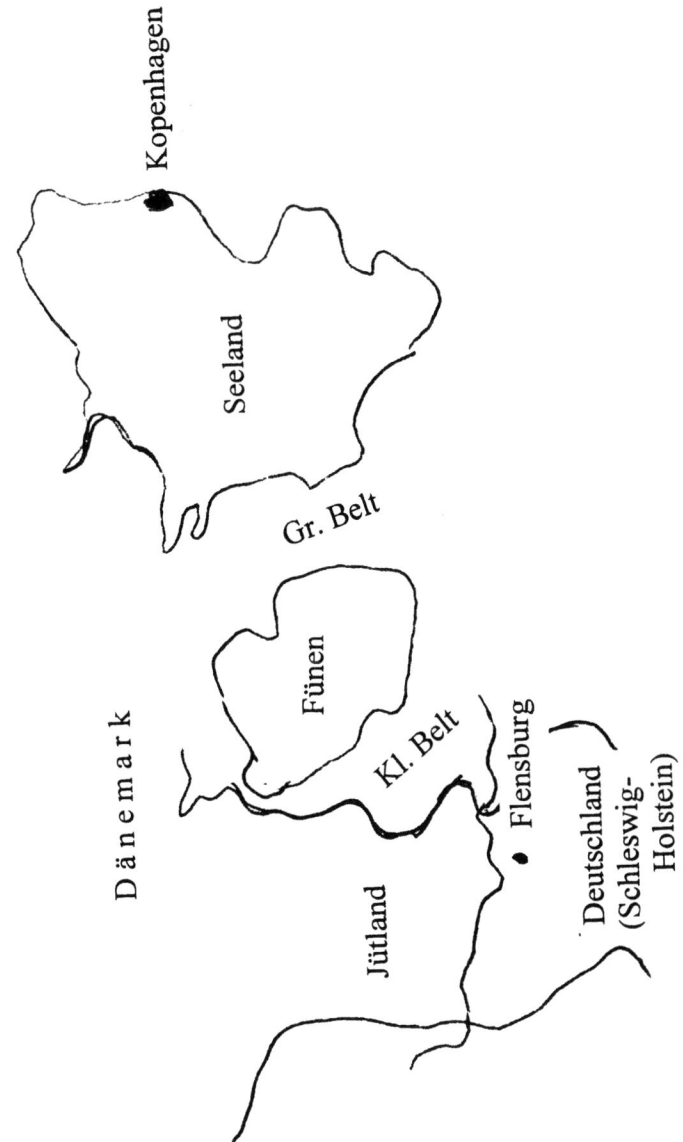

Kopenhagen

Seeland

Gr. Belt

Fünen

Kl. Belt

Flensburg

Deutschland
(Schleswig-
Holstein)

Jütland

D ä n e m a r k

Dem Hamburger Verleger *Campe*, dem Hoffmann von Fallersleben sein Gedicht vorlegte, muss sofort das Versmaß des Liedes aufgefallen sein: der Wechsel zwischen langen und kurzen Silben. In diesem Versmaß, dem *Trochäus*: ‾ ˇ , ist auch der österreichische Kaiser-Text geschrieben. Hoffmann soll Campe zudem gestanden haben, dass ihm die Haydn'sche Melodie während des Schreibens in den Ohren geklungen habe. Also reiner Zufall war das übereinstimmende Versmaß bestimmt nicht. Der Verleger Campe kaufte Hoffmann von Fallersleben das Gedicht sofort für vier „Louisdors" (heutiger Wert ca. 800 €) ab. Er brachte den Text auch mit der Melodie der Haydn'schen Kaiserhymne zusammen und noch im Jahr 1841 in einem Arrangement für Singstimme mit Begleitung des Klaviers oder der Gitarre im Druck heraus (siehe Abb. S. 33 – 35).

Erstausgabe des Deutschlandliedes im
Hoffmann und Campe Verlag in Hamburg:

Das
Lied der Deutschen

von

Hoffmann von Fallersleben.

Melodie nach Joseph Haydn's:

„Gott erhalte Franz den Kaiser,
Unsern guten Kaiser Franz!"

Arrangirt für die Singstimme

mit Begleitung des Pianoforte oder der Guitarre.

(Text Eigenthum der Verleger.)

1. September 1841.

Hamburg, bei Hoffmann und Campe.
Stuttgart, bei Paul Neff.

[Preis 2 gGr.]

33

Das Lied der Deutschen.

Deutsch-land, Deutsch-land ü = ber Al = les, Ü = ber Al = les in der Welt,
Wenn es stets zu Schutz und Trutz = ze Brü = der=lich zu = sam=men hält,

Von der Maas bis an die Me = mel, Von der Etsch bis an den Belt —

Deutſch-land, Deutſch-land ü - ber Al - les, ü - ber Al - les in der Welt!

2.

Deutſche Frauen, deutſche Treue,
Deutſcher Wein und deutſcher Sang
Sollen in der Welt behalten
Ihren alten ſchönen Klang,
Uns zu edler That begeiſtern
Unſer ganzes Leben lang —
Deutſche Frauen, deutſche Treue,
Deutſcher Wein und deutſcher Sang!

3.

Einigkeit und Recht und Freiheit
Für das deutſche Vaterland!
Danach laßt uns alle ſtreben
Brüderlich mit Herz und Hand!
Einigkeit und Recht und Freiheit
Sind des Glückes Unterpfand —
Blüh' im Glanze dieſes Glückes,
Blühe deutſches Vaterland!

Der Text von Hoffmann von Fallersleben wurde in Folge auch von anderen Liedermachern vertont (insgesamt ca. 58mal). Sie hatten jedoch alle gegen Haydns Melodie keine Chancen. Nach der ersten Veröffentlichung von Text und Melodie verschwand das Lied zunächst allerdings in der Versenkung. Nur unter protestierenden Studenten wurde es insgeheim gesungen.

35

Erkennungsmelodie des Deutschen Kaisers

Auch 1871, als nach dem deutsch–französischen Krieg das Deutsche Reich und der Deutsche Kaiser proklamiert wurden, bestand kein Bedarf an einer offiziellen Nationalhymne. Wenn eine Erkennungsmelodie gewünscht wurde, erklang **„Heil dir im Siegerkranz, Herrscher des Vaterlands"** auf die Melodie der englischen Königshymne „God save the king".

2. Nicht Ross' und Reisige sichern die steile Höh', wo Fürsten steh'n: Liebe des Vaterlands, Liebe des freien Manns gründet den Herrscherthron wie Fels im Meer.

3. Heilige Flamme, glüh', glüh' und erlösche nie fürs Vaterland! Wir alle stehen dann mutig für einen Mann, kämpfen und bluten gern für Thron und Reich !

4. Handel und Wissenschaft hebe mit Mut und Kraft ihr Haupt empor ! Krieger und Heldentat finde ihr Lorbeerblatt treu aufgehoben dort an deinem Thron !

5. Sei, Kaiser Wilhelm, hier lang deines Volkes Zier, der Menschheit Stolz ! Fühl' in des Thrones Glanz die hohe Wonne ganz, Liebling des Volks zu sein ! Heil, Kaiser, dir !

Die Einführung des Deutschlandliedes als Nationalhymne

Erst 1890, als Helgoland deutsch wurde, erklangen mehr oder weniger offiziell Text und Melodie von *August Heinrich Hoffmann von Fallersleben* und *Joseph Haydn*. Jedoch weniger aus patriotischen Gründen, als vielmehr zum Gedenken an den 49 Jahre zuvor auf Helgoland entstandenen Text. Seit dieser Zeit erfuhr das „Lied der Deutschen" im deutschen Volk immer mehr Zuspruch und erlangte auch als patriotisches Lied Bekanntheit, obwohl die Melodie zu dieser Zeit noch österreichische Kaiserhymne war. In einem Soldatenliederbuch aus dem Jahre 1914/15 sind unter der Rubrik *Vaterlandslieder* u. a. „Heil dir im Siegerkranz" und „Lied der Deutschen" jeweils mit allen Strophen abgedruckt. An der Kriegsfront wurde dann auch die Kombination Hoffmann von Fallersleben und Joseph Haydn zum heimlichen „heroischen" Lieblingslied der Soldaten erhoben. In manche Schlacht des ersten Weltkrieges stürzten sich die deutschen Soldaten mit dem neuen Vaterlandslied auf den Lippen. Am 11. November 1914 gab die Deutsche Heeresleitung bekannt:

„Westlich Langenmark brachen junge Re-
gimenter unter dem Gesange <Deutsch-
land, Deutschland über alles> gegen die
erste Linie der feindlichen Stellungen vor
und nahmen sie."

Sogar als Erkennungsmelodie wurden die ersten Töne
des Liedes unter der eigenen Truppe wie eine *Parole*
benutzt. Dadurch entstand erst richtig der Hymnen-
charakter dieses Liedes. Zuerst unter den Soldaten,
danach im Volk.

In Deutschland musste der deutsche Kaiser nach Ende
des ersten Weltkrieges zwar abdanken, aber die erste
deutsche Republik (Weimarer Republik) war mehr als
umstritten. Es gab noch viele Anhänger der Monarchie, die sich den Kaiser zurück an die Spitze des
Staates wünschten. Daher wurde erst am 11. August
1922 durch den sozialdemokratischen Reichspräsidenten *Friedrich Ebert* das Hoffmann von Fallersleben
/Haydn'sche „Lied der Deutschen" mit allen drei
Strophen als Nationalhymne offiziell proklamiert.
Zu dieser Zeit wurde in Österreich die Melodie
Haydns als Hymne **nicht** benutzt. Auch der österrei-
chische Kaiser musste 1918 abdanken, so dass seine
Hymne gegenstandslos geworden war.

Mit der Proklamation 1922 ist die Geschichte der
deutschen Nationalhymne aber noch nicht beendet.
Auch in den folgenden Jahrzehnten erwartete sie eine
bewegte Geschichte.

1. Deutsch-land, Deutsch-land ü - ber
Al - les, Ü - ber Al - les in der Welt,
Von der Maas bis an die Me - mel,
Von der Etsch bis an den Belt
Deutsch-land Deutsch-land ü - ber al - les,
ü - ber al - les in der Welt!

Wenn es stets zu Schutz und
Tru - ze Brü - der - lich zu-sam - men - hält,

2. Deutsche Frauen, deutsche Treue – Deutscher Wein und deutscher Sang – Sollen in der Welt behalten – Ihren alten schönen Klang – Uns zu edler Tat begeistern – Unser ganzes Leben lang – Deutsche Frauen, deutsche Treue, – Deutscher Wein und deutscher Sang!

3. Einigkeit und Recht und Freiheit – Für das deutsche Vaterland! – Danach lasst uns alle streben – Brüderlich mit Herz und Hand! – Einigkeit und Recht und Freiheit – Sind des Glückes Unterpfand – Blüh' im Glanze dieses Glückes, – Blühe deutsches Vaterland!

Obwohl in den Jahren der ersten Deutschen Republik die Deutschen wenig Grund zu Freude und Genugtuung an ihrer neuen Staatsform hatten, wurde die Nationalhymne vom Volk angenommen und immer beliebter. Bereits im Sommer 1919 verfasste der Münchener Schriftsteller *Albert Matthäi* eine vierte Strophe, die den Umständen der teilweisen Besetzung deutschen Bodens wie auch der hohen Reparationszahlungen und der dadurch Not leidenden Bevölkerung Rechnung trug:

Deutschland, Deutschland über alles,
Und im Unglück nun erst recht!
Nur im Unglück kann sich zeigen,
Ob die Liebe stark und echt.
Darum soll es weiterklingen
Von Geschlechte zu Geschlecht:
Deutschland, Deutschland über alles,
Und im Unglück nun erst recht!

So war das Lied der Deutschen in den Jahren nach 1918 zugleich Volkslied und Kampflied. Dies führte dazu, dass es im linksrheinischen, besetzten Deutschland von der Besatzungsmacht verboten wurde, das Lied zu singen oder zu spielen. Verstöße dagegen wurden sogar mit Gefängnis bestraft.

Deutsche Hymne
zur Zeit der
nationalsozialistischen Diktatur

Als die Staatsform sich 1933 von der Republik zur nationalsozialistischen Diktatur wandelte, war die Hymne im Volk so beliebt, dass die neuen Machthaber sich nicht getrauten, sie gegen ihren braunen Song „Die Fahne hoch ..." auszutauschen. Das Hoffmann von Fallersleben/Haydn'sche „Lied der Deutschen", ursprünglich ein deutsches Protestlied gegen Monarchie und Kleinstaaterei, dann vom sozialdemokratischen Reichspräsidenten zur Nationalhymne erklärt, wurde von den Nationalsozialisten als Hymne weitergeführt. Es erging jedoch die Anweisung, dass unmittelbar anschließend an die Nationalhymne das von *Horst Wessel* 1927 geschaffene Lied „Die Fahne hoch ..." zu erklingen hat (siehe S. 43).

Die Fahne hoch

Horst Wessel (1927)

1. Die Fah - ne hoch, die Rei-hen fest ge - schlos-sen S - A mar schiert mit ru - hig fes - tem Schritt. Kam - ra - den, die Rot - front und Re - ak - tion er - schos-sen, mar-schiern im Geist in un - sern Rei - hen mit.

2. Die Straße frei den braunen Bataillonen! Die Straße frei dem Sturmabteilungsmann! //: Es schaun aufs
Hakenkreuz voll Hoffnung schon Millionen. Der Tag
für Freiheit und für Brot bricht an! ://

3. Zum letzten Mal wird nun Appell geblasen! Zum
Kampfe stehn wir alle schon bereit. //: Bald flattern
Hitlerfahnen über allen Straßen, die Knechtschaft
dauert nur noch kurze Zeit! ://

Verbot und Wiedereinführung

des Deutschlandliedes

nach 1945

Nach der bedingungslosen Kapitulation 1945 übernahmen die alliierten Truppen der Siegermächte in Deutschland die politische Macht. Sie verboten alle nationalsozialistischen Symbole. Dazu auch Schriften, Bilder und Lieder. Auch das **Deutschlandlied** wurde für das Gebiet der vier Besatzungszonen mit einem amtlichen Erlass des Alliierten Kontrollrats bereits am 14. Juli 1945 verboten. Am 18. August 1945 wiederholte die britische Militärregierung noch einmal:

„Es ist verboten, das Horst-Wessel-Lied und andere nationalsozialistische Lieder zu spielen oder zu singen. Dieses Verbot bezieht sich auch auf das Deutschlandlied. "

In Notenheften aus früherer Zeit mussten alle belasteten Lieder wie Deutschlandlied, Horst Wessel Lied, die Wacht am Rhein u. Ä. entfernt oder zugeklebt werden. Nur so durften die Noten verkauft werden.

Als in Deutschland im Jahre 1948 wieder eine eigene Regierung gebildet werden durfte, stellte sich bald auch die Frage nach einer deutschen Hymne. Die Lösung dieses Problems war jedoch schwieriger, als erwartet. Nachdem der *Parlamentarische Rat* die Frage nach einer Deutschen Hymne im Grundgesetz offen gelassen hatte, war für die Festsetzung einer neuen Hymne der Bundespräsident zuständig. *Prof. Dr. Theodor Heuss*, der erste Bundespräsident, war der Meinung, dass die alte Hymne wegen der Verwendung auch in der nationalsozialistischen Zeit nicht mehr tragbar war. Zudem fand er den Text unzeitgemäß. Die erste Strophe – so äußerte er – sei wegen der Ortsangaben missverständlich, der Text der zweiten Strophe sei zu phrasenhaft, und die dritte Strophe allein sei zu wenig. Er suchte daher nach einer neuen Hymne, die von der Vergangenheit unbelastet war. Als Interimslösung entschied sich Heuss für das Volkslied: „Ich hab mich ergeben ..." (siehe S. 47).

Ich hab mich ergeben

Volksweise

1. Ich hab mich er-ge-ben mit Herz und mit Hand dir Land voll Lieb und Le-ben, mein deut-sches Va-ter-land, dir Land voll Lieb und Le-ben, mein deut-sches Va-ter-land!

2. Mein Herz ist entglommen, dir treu zugewandt, du Land der Frei'n und Frommen, du herrlich Hermannsland!

3. Will halten und glauben an Gott fromm und frei; will Vaterland, dir bleiben auf ewig fest und treu.

4. Ach Gott, tu erheben mein jung Herzensblut zu frischem, freud'gem Leben, zu freiem, frommem Mut!

5. Lass Kraft mich erwerben in Herz und in Hand, zu leben und sterben für's heil'ge Vaterland!

47

Im Jahre 1950 beauftragte Heuss den Dichter *Rudolf Alexander Schröder*, einen neuen Hymnentext für eine deutsche Nationalhymne zu schreiben. Schröder kam dieser Bitte umgehend nach. Noch im selben Jahr bat daraufhin Heuss zunächst den Komponisten *Carl Orff*, den Text Schröders zu vertonen. Nachdem dieser ablehnte, erteilte Heuss den Auftrag an den Komponisten *Hermann Reutter*, der den Text sofort vertonte. Zum Jahreswechsel 1950/51 wurde das neue Lied im Rundfunk aufgeführt. Doch der Erfolg beim deutschen Volk blieb trotz Empfehlung des Bundespräsidenten aus. Als Hymne setzte sich dieses Lied nicht durch (siehe S. 49).

Konrad Adenauer, der als Bundeskanzler in der Hymnenfrage auf eine Entscheidung des Bundespräsidenten drängte, war der alten Hymne gegenüber offen und konnte sie sich durchaus als Hymne der Bundesrepublik Deutschland vorstellen. Er plädierte offen für die Haydn-Melodie und den Text von Hoffmann von Fallersleben. Im April 1950 forderte Adenauer am Schluss einer Kundgebung in Berlin die Anwesenden auf, gemeinsam die **dritte** Strophe des Deutschlandliedes zu singen. Die Mehrheit im Saal erhob sich und folgte der Aufforderung Adenauers. Ein Teil der Anwesenden jedoch verließ empört den Saal. Die drei *Westalliierten Stadtkommandanten* Berlins, die ebenfalls anwesend waren, blieben sitzen. Sie ließen danach sogar durch ihre *Hohen Kommissare* bei der Regierung der Bundesrepublik in Bonn ihr Missfallen über den Berliner Vorgang zum Ausdruck bringen, denn noch war das Singen oder Spielen des Deutsch-

Hymne an Deutschland

Text: Rudolf Alexander Schröder (1952)
Melodie: Hermann Reutter (1952)

1. Land des Glaubens, deut-sches Land, Land der Vä-ter und der Er-ben Uns im Le-ben und im Ster-ben Haus und Her-berg Trost und Pfand, Sei den To-ten zum Ge - dächt - nis Den Le - bend'-gen zum Ver - mächt - nis Freu-dig vor der Welt be-kannt, Land des Glau-bens deut - sches

2. Land der Hoffnung, Heimatland, - Ob die Wetter, ob die Wo-gen - Über dich hinweg gezogen, - Ob die Feuer dich ver-brannt, - Du hast Hände, die da bauen, - Du hast Herzen, die vertrauen, - Lieb und Treue halten stand. - Land der Hoff-nung, Heimatland.

3. Land der Liebe, Vaterland, Heil'ger Grund, auf den sich grün-det, - Was in Lieb und Leid verbündet - Herz mit Herzen, Hand mit Hand.- Frei, wie wir dir angehören - Und uns dir zu eigen schwören, - Schling um uns dein Friedensband, - Land der Liebe, Vaterland.

landliedes als Nazisymbol von den Alliierten verboten.

Auch im Deutschen Bundestag hatte das Vorgehen Adenauers ein Nachspiel. Die Opposition sprach sogar von einem „Handstreich" des Bundeskanzlers und stellte fest, dass die Hymnen-Frage zu lösen allein dem Bundespräsidenten zustehe.

Zur gleichen Zeit kam es sogar zu einer peinlichen Verwechslung. Zu Beginn eines Fußball-Freundschaftsspiels der beiden Nationalmannschaften Deutschland und Schweden in Stockholm wurde vom verantwortlichen Veranstalter die alte deutsche Nationalhymne – das Deutschlandlied samt erster Textstrophe – von einer alten Aufnahme abgespielt. Und das Publikum hörte sie stehend an!

Ende 1951 zeichnete sich ein Beitritt der Bundesrepublik Deutschland zu einer europäischen Verteidigungsgemeinschaft (EVG) ab und im Frühjahr 1952 wurde das Besatzungsstatut für Deutschland aufgehoben. Damit wurde für Bundeskanzler Adenauer, der großen Wert auf gleichberechtigte Partnerschaft unter den neuen Verbündeten legte, die Frage nach einer Hymne für die Bundesrepublik Deutschland aus Gründen der außenpolitischen Notwendigkeit immer dringender. So kam es im April 1952 zwischen Bundeskanzler Adenauer und Bundespräsident Heuss zu folgendem Briefwechsel:

Der Brief des Bundeskanzlers:

Bonn, den 29. 4. 1952

Sehr geehrter Herr Bundespräsident!

Die Frage einer „Nationalhymne" ist in den vergangenen zwei Jahren wiederholt zwischen uns besprochen worden. Ich achtete, wenn auch mit Zweifel, an dem Gelingen, Ihren Versuch, durch einen neuen Text und durch eine neue Melodie über die unliebsamen Zwischenfälle hinwegzukommen, die bei der Wiedergabe oder bei dem Absingen des „Deutschlandliedes" sich ereignet haben, hier einen neuen Streit in unser Volk zu tragen.

Sie haben mir selber gelegentlich zum Ausdruck gebracht, daß Sie das Bemühen als gescheitert betrachten müssen. Die Gründe mögen jetzt unerörtert bleiben. Als das Kabinett Sie vor Monaten durch mich bitten ließ, sich für die dritte Strophe des „Deutschland-Liedes" zu entscheiden, gab ich zu, daß Ihre damalige Gegenargumentation eine innere Berechtigung besaß.

Inzwischen ist nun die Frage dringend geworden, und ich muß den Wunsch der Bundesregierung darum pflichtgemäß wiederholen. Sie wissen selber um die Lage, in der bei amtlichen Veranstaltungen unsere ausländischen Vertretungen sich befinden. Ich will in diesem Augenblick die innerdeutschen Gefühlsmomente, deren Gewicht von uns beiden gleich hoch gewertet wird, gar nicht in Anschlag bringen. Es ist wesentlich der außenpolitische Realismus, der uns,

51

Ihnen wie mir, nahelegen muß, die Entscheidung nicht weiter hinauszuzögern; ich möchte auch hoffen dürfen und glaube, dazu Grund zu haben, daß die innenpolitischen Vorbehalte, die sich auf ein Mißbrauch des „Deutschland-Liedes" durch die Vernichter des alten Deutschland beziehen, an Schärfe verloren haben – war es doch der Reichspräsident Friedrich Ebert, der das „Deutschlandlied" durch eine staatsmännische Entscheidung zur Nationalhymne erklärte.

Daher die erneute Bitte der Bundesregierung, das Hoffmann-Haydn'sche Lied als Nationalhymne anzuerkennen. Bei staatlichen Veranstaltungen soll die dritte Strophe gesungen werden.

Mit freundlichen Grüßen

Ihr   (gez.   Adenauer)

Die Antwort des Bundespräsidenten:

Bonn / Berlin, 2. 5. 1952

Sehr geehrter Herr Bundeskanzler!

Sie haben recht: ich wollte vermieden wissen, daß in öffentlichen Veranstaltungen mit einem vaterländischen Akzent, gleichviel wie ihre Ausdehnung oder wie ihr Rang sei, ein Mißklang ertöne, weil sehr, sehr viele Menschen unseres Volkes Haydns große Melodie nur eben als Vorspann, zu dem „dichterisch" und musikalisch minderwertigen Horst-Wessel-Lied im Gedächtnis haben, dessen banale Melodie den Marsch-Takt in ein Volksverderben abgab.

Doch das ist es nicht allein. Als mich die Frage nach einer Nationalhymne bewegte – und das liegt innerlich längst vor meiner Wahl zum Bundespräsidenten – glaubte ich, daß der tiefe Einschnitt in unserer Volks- und Staatengeschichte einer neuen Symbolgebung bedürftig sei, damit wir vor der geschichtlichen Tragik unseres Schicksals mit zugleich reinem und freiem Herzen, in klarer Nüchternheit des Erkennens der Lage bestehen werden. Ich weiß heute, daß ich mich täuschte. Ich habe den Traditionalismus und sein Beharrungsbedürfnis unterschätzt. Man hat mir wegen meines Planes manche herzhafte Zustimmung gegeben, und zwar aus schier allen wesentlichen politischen Gruppen, man hat mich bewegend, entrüstet, töricht, banal in zahllosen Briefen, Telegrammen, Resolutionen belehrt, daß man in der Not die Vergangenheit nicht verleugne usf. usf. Wenn mich jemand über geschichtliches Würdegefühl belehren wollte, habe ich das kühl auf die Seite geschoben. Denn ich bin stolz und selbstbewußt genug, zu meinen, daß einige meiner in der Vergangenheit liegenden literarischen und wissenschaftlichen Arbeiten der deutschen Würde bekömmlicher waren als die Leistung mancher „prominenter" Protestler von heute, die besser schweigen.

Da ich kein Freund von pathetischen Dramatisierungen bin und mit mir selber im reinen bleiben will, muß ich nach meiner Natur auf eine „feierliche Proklamation" verzichten. Wenn ich also der Bitte der Bundesregierung nachkomme, so geschieht das in der Anerkennung des Tatbestandes.

Ich möchte daran zwei Erwartungen und Wünsche knüpfen. In den letzten Jahren habe ich, zum Teil durch recht prominente Mitglieder aus den Reihen der CDU, der FDP, der SPD Versicherungen erhalten, wie richtig, wie falsch das sei, was ich versucht habe – es wäre ein Glück, wenn nun das Kapitel der Partei-auffassungen abgeschlossen wäre, das auch in einigen Landtagen abgehandelt wurde. Zum anderen: Man hatte mir nahegelegt, bei der Freigabe von Helgoland den erwarteten Akt der „Proklamation" zu vollziehen, weil bekanntlich auf dieser Insel Hoffmann seine Verse gedichtet hat. Das ist nun so: Hoffmann von Fallersleben war ein Schwarz-Rot-Goldener, sogar leicht verärgert, daß nach 1870 sein Gedicht gar nicht in Aufnahme kam. Ich würde sehr froh sein, wenn alle, die sich jetzt in Briefen und Entschließungen und Artikeln so lebhaft zu ihm bekannt haben, auch die Folgerungen daraus weiter ziehen, und es wäre ver-dienstlich, Herr Bundeskanzler, wenn die Bundes-regierung mit dafür sorgen könnte, daß diese Farben bei festlichen Anlässen, da man die Worte von Hoffmann von Fallersleben singen will und singen wird, nicht bloß an den Amtsgebäuden wehen, sondern von den Mitgliedern der Gruppen, die sich dafür in Beschlüssen erklärt haben, als das Symbol unseres Staates auch öffentlich bekannt würden.

Mit guten Grüßen

Ihr

(gez. Theodor Heuss)

Mit diesem Briefwechsel und der Veröffentlichung in einem Bulletin des Presse- und Informationsamtes der Bundesregierung unter dem Titel „Das Deutschlandlied ist Nationalhymne" war die alte deutsche Hymne wieder zur Nationalhymne erklärt worden. Bemerkenswert ist der Satz im Brief des Bundeskanzlers:

„Daher die erneute Bitte der Bundesregierung, das Hoffmann-Haydn'sche Lied als Nationalhymne anzuerkennen. Bei staatlichen Veranstaltungen soll die dritte Strophe gesungen werden."

Und die Antwort des Bundespräsidenten:

„Wenn ich also der Bitte der Bundesregierung nachkomme, so geschieht das in der Anerkennung des Tatbestandes."

Die Bundesregierung bat den Bundespräsidenten das „Hoffmann-Haydn'sche Lied" als Nationalhymne anzuerkennen und der Bundespräsident kam dieser Bitte nach. Somit gehörten nicht nur **die dritte Strophe, sondern alle drei Strophen zur deutschen Nationalhymne**. Gesungen werden sollte jedoch bei öffentlichen Veranstaltungen nur die dritte Strophe! Wie richtig die Entscheidung des Bundespräsidenten war, zeigt die Tatsache, dass von diesem Augenblick an jede Diskussion über Für oder Wider der Haydn-Melodie und des Hoffmann von Fallersleben'schen Textes verstummte. Und das bis zum heutigen Tag! Besonders in dem Antwortschreiben des Bundespräsidenten kam jedoch noch einmal zum Ausdruck, dass es großen Teilen der Bevölkerung nicht leicht fiel, eine Melodie als Hymne anzuerkennen, die ihr im Zusammenhang mit dem Horst-Wessel-Lied noch in den Ohren geklungen hat und sie an eine gerade zurückliegende, schreckliche Zeit erinnerte.

Dass alle drei Strophen zur deutschen Hymne gehörten, galt bis zum Jahre 1991. Denn nach der Wiedervereinigung Deutschlands war noch einmal die deutsche Hymne Gegenstand eines Briefwechsels zwischen dem Bundespräsidenten Richard von Weizsäcker und dem Bundeskanzler Helmut Kohl im Jahre 1991. Dieses Mal gab der Bundespräsident den ersten Anstoß durch einen Brief an den Bundeskanzler:

Der Bundespräsident   *Bonn, den 19. August 1991*

An den
Bundeskanzler der
Bundesrepublik Deutschland
Herrn Dr. Helmut Kohl
Adenauerallee 139/141
Bonn

Sehr geehrter Herr Bundeskanzler,
die staatliche Einheit der Deutschen wurde rechtlich durch den Einigungsvertrag und den Beitritt der ehemaligen DDR zur Bundesrepublik Deutschland gemäß Artikel 23 des Grundgesetzes vollzogen.
Seit dem 3. Oktober 1990 gilt auch die Nationalhymne der bisherigen Bundesrepublik für das vereinte deutsche Volk.

Das „Lied der Deutschen", von Hoffmann von Fallersleben vor hundertfünfzig Jahren in lauteren Gedanken verfaßt, ist seither selbst der deutschen Geschichte ausgesetzt gewesen. Es wurde geachtet, bekämpft, als Zeichen der Zusammengehörigkeit und gemeinsamen Verantwortung verstanden, aber auch in nationalistischer Übersteigerung mißbraucht.

Als ein Dokument deutscher Geschichte bildet es in allen seinen Strophen eine Einheit.
Auf Grund des Briefwechsels zwischen Bundespräsident Heuss und Bundeskanzler Adenauer vom 29. April / 2. Mai 1952 hat sich im Laufe der vergangenen Jahrzehnte die 3. Strophe des Liedes mit der Musik von Haydn als Hymne der Bundesrepublik Deutschland im Bewußtsein der Bevölkerung fest verankert.

Gerade in der Zeit der Teilung hat sie den tiefen Wunsch der Deutschen nach Rechtsstaatlichkeit und nach Einheit in Freiheit ausgedrückt.

Dieses Ziel haben sich unsere Landsleute in den Bundesländern Mecklenburg-Vorpommern, Brandenburg, Sachsen-Anhalt, Sachsen, Thüringen und im Ostteil von Berlin friedlich errungen.

Die 3. Strophe des Hoffmann-Haydn'schen Liedes hat sich als Symbol bewährt. Sie wird im In- und Ausland gespielt, gesungen und geachtet. Sie bringt die Werte verbindlich zum Ausdruck, denen wir uns als Deutsche, als Europäer und als Teil der Völkergemeinschaft verpflichtet fühlen.

Die 3. Strophe des Liedes der Deutschen von Hoff-
mann von Fallersleben mit der Melodie von Joseph
Haydn ist die Nationalhymne für das deutsche Volk.

Mit freundlichen Grüßen

Ihr   (gez. R. Weizsäcker)

Und wenige Tage später die Antwort des Bundeskanzlers:

Bundesrepublik Deutschland   23. August 1991
*   Der Bundeskanzler*

An den
Bundespräsidenten der
Bundesrepublik Deutschland
Herrn Dr. Richard von Weizsäcker
Bonn

Sehr geehrter Herr Bundespräsident,

„Einigkeit und Recht und Freiheit" – mit diesem
Dreiklang gelang es uns, nach 1949 die erfolg-
reichste rechtsstaatliche Demokratie unserer Ge-
schichte zu gestalten und den Wunsch nach natio-
naler Einheit wachzuhalten.

Der Wunsch aller Deutschen, die Einheit ihres Vater-
landes in Freiheit zu vollenden, kam im Deutschland-
lied besonders eindringlich zum Ausdruck.

N a t i o n a l h y m n e

der

Bundesrepublik Deutschland

Melodie: Joseph H a y d n
Text: Hoffmann von Fallersleben

Ei - nig - keit und Recht und Frei - heit
Da-nach lasst uns al - le stre - ben

für das deut-sche Va - ter - land !
brü - der - lich mit Herz und Hand !

Ei - nig - keit und Recht und Frei - heit

sind des Glü - ckes Un - ter - pfand

Blüh' im Glan - ze die-ses Glü - ckes

Blü - he deut - sches Va - ter - land !

Heute, nach der Wiedervereinigung Deutschlands, verpflichtet uns auch das Deutschlandlied, für die Menschen in den neuen Bundesländern eine rechtsstaatliche Ordnung zu verwirklichen.

Der Wille der Deutschen zur Einheit in freier Selbstbestimmung ist die zentrale Aussage der 3. Strophe des Deutschlandlieds. Deshalb stimme ich Ihnen namens der Bundesregierung zu, daß sie Nationalhymne der Bundesrepublik Deutschland ist.

Mit freundlichen Grüßen

Ihr   (gez. Helmut Kohl)

Mit diesem Briefwechsel haben die beiden Repräsentanten des Staates **nur noch die dritte Strophe des Hoffmann von Fallersleben'schen Textes zur Nationalhymne erklärt.**

Je mehr nun eine Generation heranwächst, die unbelastet der nationalsozialistischen Vergangenheit Nationalhymne und nationale Farben „Schwarz-Rot-Gold" erlebt, desto mehr werden diese Staatssymbole freimütig angenommen. Die Zeit der Fußballweltmeisterschaft 2006 in Deutschland hat dies eindrucksvoll gezeigt.

Österreichs Hymnen nach 1918

Nach Ende des ersten Weltkrieges mussten der österreichische und der deutsche Kaiser abdanken. Mit ihnen waren auch Hymne bzw. Erkennungsmelodie hinfällig geworden.

Österreich führte zunächst eine neue Volkshymne ein, deren Text vom ersten österreichischen Bundeskanzler *Karl Renner* stammte und deren Melodie *Wilhelm Kienzl* dazu komponierte. Dieser neuen Hymne blieb jedoch die Anerkennung im österreichischen Volk versagt.

Im Hinblick auf einen späteren Anschluss Österreichs an Deutschland beschloss daher im Jahre 1929 die Wiener Regierung zur alten Haydn-Melodie aus der Kaiserhymne zurückzukehren. Der Melodie wurde jedoch ein neuer Text, verfasst von *Ottokar Kernstock,* unterlegt: „Sei gesegnet ohne Ende, Heimaterde wunderhold!"

So wurde in der Zeit von 1929 – 1938 in beiden Ländern, Österreich und Deutschland, die gleiche Melodie mit unterschiedlichen Texten als Nationalhymne verwendet.

Neun Jahre später, im Jahre 1938, erfolgte der Anschluss Österreichs an das Deutsche Reich. Der Kernstock'sche Text wurde daraufhin verboten und auch in Österreich musste „Deutschland, Deutschland über Alles" gesungen werden und im Anschluss daran das Horst-Wessel-Lied gespielt werden. Kein Wunder, dass nach Ende des zweiten Weltkrieges die Österreicher der Haydn'schen Melodie überdrüssig waren und nichts mehr davon wissen wollten. Sie trennten sich endgültig von der Haydn-Melodie und erkoren eine Mozart zugeschriebene Melodie mit einem von *Paula von Preradovic* verfassten Text: „Land der Berge, Land am Strome ..." zu ihrer Bundeshymne.

Österreichische Bundeshymne
seit 1946 / 47

H y m n e

der

Deutschen Demokratischen

Republik (DDR)

von 1949 - 1990

Für die Zeit 1949 – 1990 gab es durch die Teilung Deutschlands im Geltungsbereich der DDR eine eigene Hymne. Zur gleichen Zeit, wie in der Bundesrepublik die Diskussion über eine Nationalhymne geführt wurde, war auch die politische Führung der DDR bemüht, für ihren Staat eine Nationalhymne zu schaffen. Staatspräsident *Wilhelm Piek* beauftragte am 10. Oktober 1949 den Schriftsteller *Johannes Robert Becher* (1891 – 1958) einen entsprechenden Text zu verfassen. Schon kurz danach erhielten die Komponisten *Ottmar Gerster* und *Hanns Eisler* (1898 – 1962) den ersten Entwurf eines Textes, der noch mehrfach geringfügig verändert wurde, zur Vertonung. Beide Komponisten reichten dann auch ihre Arbeiten ein. Nach einer ersten Vorstellung der beiden Vertonungen fand am 5. November 1949 eine zweite statt, bei der das Politbüro der Sozialistischen Einheitspartei Deutschlands (SED) anwesend war. Über dieses Treffen und die Anhörung der beiden Vertonungen schrieb *Wilhelm Piek*:

„10 Uhr Zusammenkunft des Politbüros in mei-
ner Wohnung. Mjakowskiring, wo der Text und
die Komposition von Eisler und Gerster vor-
gelegt und von zwei Künstlern der Staatsoper
gesungen wurde, wozu Eisler und Gerster jeder
seine Komposition spielte. Vom Politbüro wur-
de dem Text von Becher zugestimmt. Außerdem
wurde die Komposition von Eisler angenom-
men. Es erfolgte eine Verständigung, daß Gro-
tewohl am gleichen Tag nachmittags dem Mi-
nisterrat den Text und die Komposition vor-
tragen sollte. Der Ministerrat stimmte dem
Text und der Komposition zu. "

Damit war die Wahl der Hymne zu Gunsten des
Becher-Textes mit der Vertonung von *Hanns Eisler*
gefallen. Zwei Tage später, am 7. November 1949
fand eine öffentliche Aufführung anlässlich einer
Festveranstaltung in der Staatsoper Berlin zum 32.
Jahrestag der Oktoberrevolution mit dem Chor des
Berliner Rundfunks statt. Auch danach wurde am
endgültigen Text noch gefeilt, bis die politische Führung der DDR ihr Einverständnis dazu gab (s. S. 65).

23 Jahre später hatte sich die politische Einstellung
der Regierenden der DDR dahingehend verändert, dass
nicht mehr **ein** Deutschland angestrebt wurde, sondern
die These von „zwei Staaten auf deutschem Boden"
ausgegeben wurde. Hierzu passte der endgültige
Becher'sche Text vom „Deutschland **einig** Vaterland"
nun wirklich nicht mehr. Statt einer erneuten Ände-
rung, die durchaus möglich gewesen wäre, entschied

Becher / Eisler
(1949)

Andante

1. Auf - er - stan-den aus Ru - i - nen Und der
Zu-kunft zu - ge - wandt, Laß uns dir zum Gu-ten
die-nen, Deutsch-land, ei - nig Va - ter - land.

straff im Tpo.

Al - te Not gilt es zu zwin-gen,

Und wir zwin - gen sie ver - eint,

Tpo. I.

denn es muß uns doch ge - lin-gen, daß die
Son - ne schön wie nie Ü - ber Deutsch - land
scheint, Ü - ber Deutsch - land scheint.

2. Glück und Friede sei beschieden Deutschland, unserm Vaterland! Alle Welt sehnt sich nach Frieden ! Reicht den Völkern
eure Hand. Wenn wir brüderlich uns einen, Schlagen wir des
Volkes Feind. Laßt das Licht des Friedens scheinen, Daß nie
eine Mutter mehr ihren Sohn beweint ! Ihren Sohn beweint !

3. Laßt uns pflügen, laßt uns bauen, Lernt und schafft wie nie zuvor,Und der eignen Kraft vertrauend,Steigt ein frei Geschlecht
empor. Deutsche Jugend, bestes Streben Unsres Volks in dir
vereint, Wirst du Deutschlands neues Leben, Daß die Sonne
schön wie nie Über Deutschland scheint, Über Deutschland
scheint.

sich die politische Führung der DDR dazu, den Becher'schen Text stillschweigend gänzlich von der Hymnen–Melodie zu trennen. Fortan wurde die Melodie von Hanns Eisler bei öffentlichen Veranstaltungen nur noch instrumental ausgeführt. Spätestens von diesem Zeitpunkt an hätte auch die Bezeichnung „Becher-Hymne", als welche die Hymne bis zur Auflösung der DDR bezeichnet wurde, in **Eisler–Hymne** umbenannt werden müssen. Da das Weglassen des Textes jedoch ohne Aufsehen erfolgen sollte, unterblieb die Umbenennung.

Während der Text von *Becher* allgemein gehalten ist und des Inhalts wegen keinen Grund zu Anstoß gab, wurde die Melodie von Anfang an heftig kritisiert. Die Gegner warfen *Eisler* vor, er habe Teile der Melodie von anderen Komponisten übernommen. In der Tat ist in *Ludwig van Beethovens* Lied „Freudvoll und leidvoll" op. 84, Nr. 4 am Anfang der sequenzartige Aufstieg der Melodie vergleichbar mit dem ersten und dritten Abschnitt der Eisler–Melodie. Und auch bei *Peter Kreuder's* Slowfox „Good Bye, Jonny" sind die ersten beiden Takte sowie das erste Viertel des dritten Taktes vom Refrain tonlich – jedoch nicht rhythmisch – identisch mit dem Anfang der Eisler–Hymne. *Kreuder* kämpfte denn auch international, aber vergeblich, um die Anerkennung der Urheberschaft der Melodie.

Da *Beethovens* Lied in A-Dur steht, sind nachfolgend zum besseren Vergleich die entsprechenden Melodieteile von *Kreuder* und *Eisler* nach A-Dur transponiert:

Beethoven : *Freudvoll und leidvoll* - op. 84, Nr. 4

komponiert 1810

(Klavier)

Freud - voll und leid - voll, ge

dan - ken-voll sein; (Klavier) lan - gen und

ban - gen in schwe-ben - der Pein;

Kreuder : *Good bye, Jonny*

komponiert 1939

Refrain :

Good bye, Jon - ny! Good bye, Jon - ny!

Schön war's mit uns zwei'n;

Eisler : *H y m n e*

Erster Teil und dritter Teil Anfang : komponiert 1949

1. Auf - er - stan - den aus Ru - i - nen

Und der Zu-kunft zu - ge - wandt, Laß uns

dir zum Gu - ten die - nen Deutschland

ei - nig Va - ter - land.

67